Monika Grundei

AF206433

„Sprichwörter

zeigen mit dem

Finger

auf den

Punkt"

Sie geben damit den Blick frei,

für das Wesentliche

ihrer Aussagen.

Bibliografische Information der Deutschen Nationalbibliothek:
Die Deutsche Nationalbibliothek verzeichnet diese Publikation
in der Deutschen Nationalbibliografie; detaillierte bibliografische
Daten sind im Internet über http / /dnb.dnb.de abrufbar.

2017 Monika Grundei

Herstellung und Verlag
BOD–Books on Demand, Norderstedt
ISBN 9783744840279

Text: Monika Grundei
Umschlaggestaltung: Monika Grundei
Satz: Monika Grundei

Monika Grundei

Malerin und Verfasserin von mehreren schriftlichen Arbeiten. Geb. 1937 in Ndschl.

Nach Krieg und Vertreibung und einem Neubeginn, erfolgte eine Lehre in einer Anwaltskanzlei.

Gleichzeitig begann die schriftstellerische Tätigkeit. Es entstanden viele Berichte, die teilweise in der örtlichen Zeitung veröffentlicht wurden. Andere sammelten sich in Mappen und Ordnern und warteten, dass sie zu einem Buch oder Gedichtband verarbeitet werden.

Portraitzeichnungen prominenter Politiker und Künstler wurden um die ganze Welt geschickt und kamen mit Unterschrift und oft kurzen Kommentaren zurück.

Sprichwörter begleiten unser Leben.

Oft sind es Aussagen,

die kurz und prägnant

eine Situation auf den Punkt bringen.

Es gibt humoristische,

unverschämt derbe

aber auch

Lebensweisheiten,

die Ruhe und Harmonie

in unser Leben bringen.

Einen kleinen Ausschnitt

finden Sie auf den

nachfolgenden Seiten.

Gottes Mühlen mahlen langsam

An diesem Text haben die Menschen aller Zeiten hart gearbeitet und ihn trotzdem oft nicht verstanden.

Sind wir nicht alle schon einmal an den Punkt gekommen, dass wir für ein großes Problem in unserem Leben Jahre um Jahre gebetet haben und uns doch keine Hilfe angeboten wurde?

Haben wir dann nicht auch schon einmal gesagt: "Es nützt doch nichts, Gott wird mich nicht erhören, also warum soll ich mich weiter mit meinen Sorgen an ihn wenden."

Diese Hilflosigkeit will dieses Sprichwort aussagen. Es will uns daran erinnern, dass Gott unsere Bitten nicht sofort beantwortet. Doch was heißt hier sofort? Für unsere Begriffe ist ein Jahr eine lange Zeit, doch für Gott sind siebzig Jahre wie ein Tag, der gestern vergangen ist. Für Ihn gibt es diese Zeitrechnung der Menschen nicht, da er ja Ewig ist.

So kann es sein, dass die Beantwortung unserer Bitte das letzte Korn ist, das auf diesem Bild noch fehlt, um das vorgegebene Maß voll zu machen.

Es werden sehr viele Körner sein, die da vor dem Meinigen das Ziel erreichen, doch Gott wird so lange warten, bis es auch wirklich fallen kann. Nicht, dass wir es wegnehmen, weil wir glauben, es wird von Ihm nicht beachtet und er wartet umsonst.

Aus seiner Hand wird die Antwort immer kommen. Es fiel durch das Frühjahr, den Sommer, den Herbst und ob es im Winter das Ziel erreicht, liegt in seiner Hand.

Regen bringt Segen

Eigentlich möchten wir lieber Sonnenschein. Er hebt die Stimmung und motiviert uns zum Träumen von Urlaubswochen in südlichen Gefilden, wo Sonnenschein die Regel ist.

Das sind die Wochen, auf die wir uns das ganze Jahr freuen. Ausruhen, am Strand liegen, oder in den Bergen Wanderungen unternehmen. Zwischen den Bäumen Schatten suchen und auf den Berggipfeln den weiten Blick ins Tal genießen.

Die Schirme sollten dann lieber im Rucksack bleiben, denn der Regen verschmutzt die Wege und vertreibt die Gäste vom Strand und der Promenade.

In Ländern, wo Regen oft ein ganzes Jahr ausbleibt wäre das Bild sicher Zeichen der Freude. Sie würden sagen: "Die Menschen tanzen und danken dem Himmel für den Segen des köstlichen Nass."

Für sie ist Regen so ersehnt, wie von uns die Sonne. Doch auch wir brauchen den Regen für Pflanzen und Tiere, denn ohne Wasser ist kein Leben möglich.

Und so gilt auch für uns und überall auf unserem Planeten:

„ Regen bringt Segen".

Buchstabensalat

Buchstaben umgeben uns. Schon kurz nach der Geburt werden die ersten Buchstaben benutzt zum Beispiel für den Namen, die Anschrift und Zahlen für das Datum der Geburt, die Größe und das Gewicht.

So geht es weiter. Jedes Wort was gesprochen wird, setzt sich aus Buchstaben zusammen. So können wir uns ein Leben ohne Buchstaben gar nicht vorstellen.

Die ersten Versuche, Dinge schriftlich festzuhalten werden auf das 4. Jahrtausend vor Christus datiert. Vorläufer der heutigen Schrift sind Felszeichnungen in Höhlen, die etwa 20.000 Jahre alt sind. Genauso schwierig ist das Erlernen der Schriften, die nur aus Zeichen bestehen, wie in China und Japan. In Japan lernen die Schüler bis zum Schulabschluss diese Zeichen und trotzdem können sie beim Abgang aus den Schulen noch lange nicht alle Zeichen lesen. Wenn wir schriftliche Mitteilungen nicht gleich verstehen, wie z.B. die sogenannte Amtssprache sagen wir vielleicht: „Das ist ja ein Buchstabensalat aus dem man nicht schlau wird." Doch Buchstaben sind bis heute interessant, beliebt und äußerst wichtig.

Bei Kindergeburtstagen gibt es Buchstabensuppen, Buchstabenkekse und Buchstabensüßigkeiten in allen Variationen. Vielleicht gibt es am Abend ja einen Buchstabensalat mit Würstchen.

Das wäre doch ein zünftiger Abschluss.

Dummheit und Stolz wachsen auf einem Holz

Wir leben in einer Gesellschaft,

wo die Menschen gern nach ihrem Bildungsstand beurteilt werden.

Ein handwerklicher Beruf ist in der Einschätzung vieler schon grenzwertig,

weil dazu kein Abitur erforderlich ist. Doch wer soll all die Arbeiten ausführen, die für einen harmonischen Ablauf

von Wirtschaft und privaten Interessen von Nöten sind.

Die bildliche Darstellung zeigt,

dass gerade der angeblich intelligente Mensch in Dummheit verfällt,

wenn er die vermeintlich dummen Zeitgenossen aus dem Weg schaffen möchte.

Er übersieht in seinem Stolz, dass er dabei unter Umständen selbst zu Fall kommt.

Mir geht ein Licht auf

Dieses Sprichwort kann für viele

Situationen unseres Lebens

zur Anwendung kommen.

Es bezieht sich nicht nur auf einen Lichtstrahl,

den wir sehen, so wie auf dem Bild.

Im Gegenteil, es ist oft eine spontane Eingebung,

die uns den rechten Weg zeigt.

Für unsere schnelllebige Zeit,

die kaum noch eine Ruhephase kennt,

ist dieses Bild vielleicht eine Anregung

inne zu halten, damit der Gedankenblitz,

der in Licht aufstrahlt, noch wahrgenommen werden kann.

In Wissenschaft und Forschung

könnte dieser Spruch zum Leitsatz werden,

denn viele Erfindungen sind von Menschen erarbeitet,

denen oft zufällig dieses Licht aufging,

welches schlagartig zum Erfolg der Arbeit führte.

Dieses Licht möge auch uns, immer wieder

auf die richtige Bahn unseres Lebens führen.

Du bist für mich ein Engel

Engel sind auch in unserer, so nüchternen Computerwelt,

immer noch in vielen Variationen präsent.

Für viele sind sie vielleicht nur eine Dekoration,

besonders auch in der Advent- und Weihnachtszeit.

Doch dass sie in unserem Leben

einen wichtigen Platz einnehmen,

höre ich von Menschen jeder Altersgruppen.

Der Schutzengel wird von vielen eher angerufen als Gott.

Wahrscheinlich ist er vorstellbarer

und kommt menschlicher rüber.

Selbst in den oft nüchternen Presseberichten lesen wir z.B:

„Der Fahrer des Unfallwagens hat einen guten Schutzengel gehabt,

um diesen schweren Unfall zu überleben."

Es muss aber nicht immer gleich so dramatisch sein.

Menschen, die sich ganz bewusst für

Einsame, Fremde, Obdachlose oder Senioren

einsetzen, die allein in Altenheimen leben,

werden oft als Engel der Nächstenliebe angesehen.

Engel können also ganz real sein.

Das ist eine schöne Vorstellung, denn diese Engel

bringen uns den Himmel auf die Erde.

Morgenstund hat Gold im Mund

An diesen Spruch kann ich mich aus meiner Kindheit erinnern.

Nach unserer Flucht aus Schlesien kamen wir in einem kleinen Dorf in Niedersachsen an. Ein älteres, kinderloses Ehepaar nahm Mutter, meine Schwester und mich bei sich auf.

Sie hatten ein kleines Haus und Ländereien, deren Ertrag für sie reichte. Ein kleiner Raum von 3,50 x 3,50 qm gaben sie uns zum Schlafen. Sonst waren wir voll in der Familie integriert.

Wir aßen mit am Tisch und Mutter half, wo sie konnte, bei den Arbeiten die anfielen. In der Küche hing ein Überhandtuch, auf dem mit akkuraten blauen Kreuzchen dieser Spruch aufgestickt war. Er war, wie der Leitfaden für dieses Ehepaar, denn ihr Leben konnte nicht treffender definiert werden.

Der Tag begann für beide schon vor Sonnenaufgang.
Zunächst mussten die Tiere versorgt werden. Erst danach kam das Frühstück. Die Morgenstunden waren die Wichtigsten des Tages. Wenn in diesen Stunden alles gut verlief, war der Tag gut eingeläutet und versprach bis in die Abendstunden zur Zufriedenheit abzulaufen. Am Abend nach getaner Arbeit saßen die Männer vor der Tür, rauchten ihre Pfeifen und erzählten Geschichten, die wir gern belauschten. Die Frau des Hauses saß auch dabei, doch ihre Hände ruhten nie. Sie strickte dicke Socken und Handschuhe für die kalte Jahreszeit. Trotz der vielen Arbeit waren sie zufrieden und freuten sich auf jeden Morgen, wenn die ersten Strahlen der aufgehenden Sonne sie begrüßten.

War es dieser innere Frieden,

der ihnen Kraft und Freude am Leben schenkte?

Dem Glücklichen schlägt keine Stunde

Das ist ein Spruch, den wir heute kaum noch nachvollziehen können. Wir denken nicht mehr in Stunden, sondern in Minuten, nein oft in Sekunden. In Sekundenschnelle müssen wir häufig eine Entscheidung fällen oder auf eine Nachricht reagieren. Die Uhr in den Straßen benötigen wir auch nicht mehr, denn wir haben ja ein Smartphone, das die Zeit anzeigt. Unser ständiger Begleiter, ohne den nichts mehr läuft.

Können wir uns überhaupt noch vorstellen, wie es wäre wenn wir mal für eine Woche ohne diesen ständigen Störenfried auskommen müssten? Sogar in den Wochen des Urlaubs sind die Tage und Stunden meistens verplant mit Besichtigungen und Aktionen, damit man danach aufzählen kann, was man in diesen Wochen alles erlebt hat.

Ein stiller Weg durch die Heide oder in unserer Marschlandschaft, bei dem wir der Natur nachspüren, am Elbufer liegen und den Schiffen nachsehen. Vögel beobachten, die über uns kreisen, in den Himmel schauen und träumen. Bei einem Weg durch die Heide auszuruhen, den Bienen zuzuschauen, die emsig den Nektar aus den Heideblüten sammeln und die weite Lila farbige Landschaft bestaunen. Das ist ganz nah und in kurzer Zeit zu erreichen.

Dann gilt auch für uns noch einmal dieses Sprichwort

Dem Glücklichen schlägt keine Stunde.

Zwei Herzen im dreiviertel Takt

Da denken wir an Tanzen.

Doch die althergebrachten Tanzvergnügen, wie wir Älteren sie
von früher kennen,

die gibt es nur noch selten in Vereinen, in der Faschingszeit
oder privat.

Beim Tanzen treffen sich nicht nur Menschen zu sportlicher
Bewegung,

sondern da schwingen die Herzen mit und lassen
Freundschaften entstehen.

Ich kenne zwei Ehepaare, die regelmäßig nach Heidenau
fahren,

um dort in der Gemeinschaft diesem schönen Sport zu frönen.

Es ist nicht nur Vergnügen, sondern eine wunderbare
Möglichkeit,

seinen Körper in Bewegung zu halten.

REGENTROPFEN

DIE AN DEIN

DEIN

FENSTER KLOPFEN

DIE SAGEN DIR,
DAS IST EIN
GRUSS VON MIR.

Regentropfen, die an mein Fenster klopfen

Ich sitze in der Stube, als plötzlich ein Regenschauer niedergeht.

Die großen Tropfen schlagen auf die Terrassenüberdachung und trommeln ihr Regenlied. Ich trete nach draußen und setze mich auf einen Gartenstuhl, um mir diese Naturmelodie anzuhören.

Die Wolken reißen auf und die Sonne schickt einen Strahl zur Erde. In diesem Licht glänzen die herabfallenden Tropfen wie Perlen, bis sie auf dem Boden zu winzigen Kristallen zerplatzen.

Nach heißen Tagen ist es für die Pflanzen, wie für uns ein prickelndes Glas Sekt. Die Erde schlürft es auf und schon nach kurzer Zeit, zeigt sie ihr frisches Grün.

Einige Tropfen, die an das Terrassenfenster geklopft haben rutschen langsam an der Scheibe nach unten.

Vielleicht möchten sie mir eine Nachricht von einem Freund bringen, der an mich denkt.

Vor der Terrasse steht eine kleine Schale, die sich mit Wasser gefüllt hat. Ein Spatz benutzt sie als Badewanne. Er putzt sein Gefieder und trinkt das frische Nass.

Es sind in unserem Leben oft die kleinen Begebenheiten des Tages, die das Herz erfreuen,

wenn wir sie wahrnehmen.

Der nächste Urlaub kommt bestimmt

Nach Wochen des Urlaubs, der Erholung an fremden Stränden, der Wanderung im Gebirge oder dem Extremurlaub mit Klettertouren, Wüstenerfahrungen und Schiffsreisen in den hohen Norden mit steilen Küsten und engen Fjorden, ist der Alltag kaum zu ertragen. Man möchte diese Zeit ins Endlose ausdehnen und denkt oft mit Grauen an die eintönige Arbeitswelt. Auf dem Schreibtisch, oder wo immer, wartet Arbeit ohne Ende, denn es hat sich alles aufgestaut.

Man hockt hinter diesen Bergen von Arbeit und glaubt, dass sie die Hälfte der Erholung in den nächsten Wochen wieder verschlingen werden. Doch dann höre ich von einem Kollegen, der sich bei einem Kopfsprung ins unbekannte Wasser einen Halswirbel gebrochen hat und mit Querschnittlähmung im Krankenhaus liegt .Es trifft mich, wie ein Schlag und ich besuche ihn am nächsten Tag. Ich stehe vor seinem Bett und bin stumm vor Schmerz. Wäre er gesund, würde ich ihm von meinem Urlaub erzählen, doch vor diesem Menschen, der sich weder bewegen, noch sprechen kann suche ich nach Worten.

Als ich die Krankenhaustür hinter mir schließe, ist das für mich, wie ein Schritt in die Freiheit und in das Arbeitsleben, das mir geschenkt wird.

Ich bitte Gott für meinen Freund um Heilung

und danke für all die Türen, die mir noch offen stehen.

Denn es ist nicht selbstverständlich, dass der nächste Urlaub bestimmt kommt.

Man muss sich strecken, nach den Decken

Warum soll man sich strecken?
Hat das Sinn, was kann ich erwarten?
Viele werden die Decke nicht erreichen.
Sie mühen sich ab, aber der Erfolg stellt sich nicht ein.
Die es nicht erreicht haben, finden wir vielleicht auf unseren
Straßen.
Sie sind enttäuscht, weil es immer Mitstreiter gibt,
die sie bei Seite schieben um selbst nach Vorn zu kommen.
Die Ellbogengesellschaft hat nun einmal Gewinner und Verlierer
Und wer nicht stark genug ist, hat keine Chance.
Karl hatte sich auch lange bemüht, aber nach 5 Jahren
gab er auf, quittierte seinen Job und für sein letztes Geld
holte er sich für ein paar Euro, einen Hund aus dem Tierheim.
Er hatte keine Wohnung mehr, aber seinen Bobby.
Der Hund gab ihm das, was die Menschen nicht bereit waren zu
geben.
Wenn ihn jemand gefragt hätte, wann er sich angenommen gefühlt
hat, würde er antworten:
„Jetzt, denn ich habe einen Freund gefunden, der nicht fragt,
was ich habe und wer ich bin."

Und bei diesen Worten drückt er seinen Bobby fest an sich.
So gilt vielleicht für jeden das Sprichwort:
„Man muss sich strecken, nach den Decken."

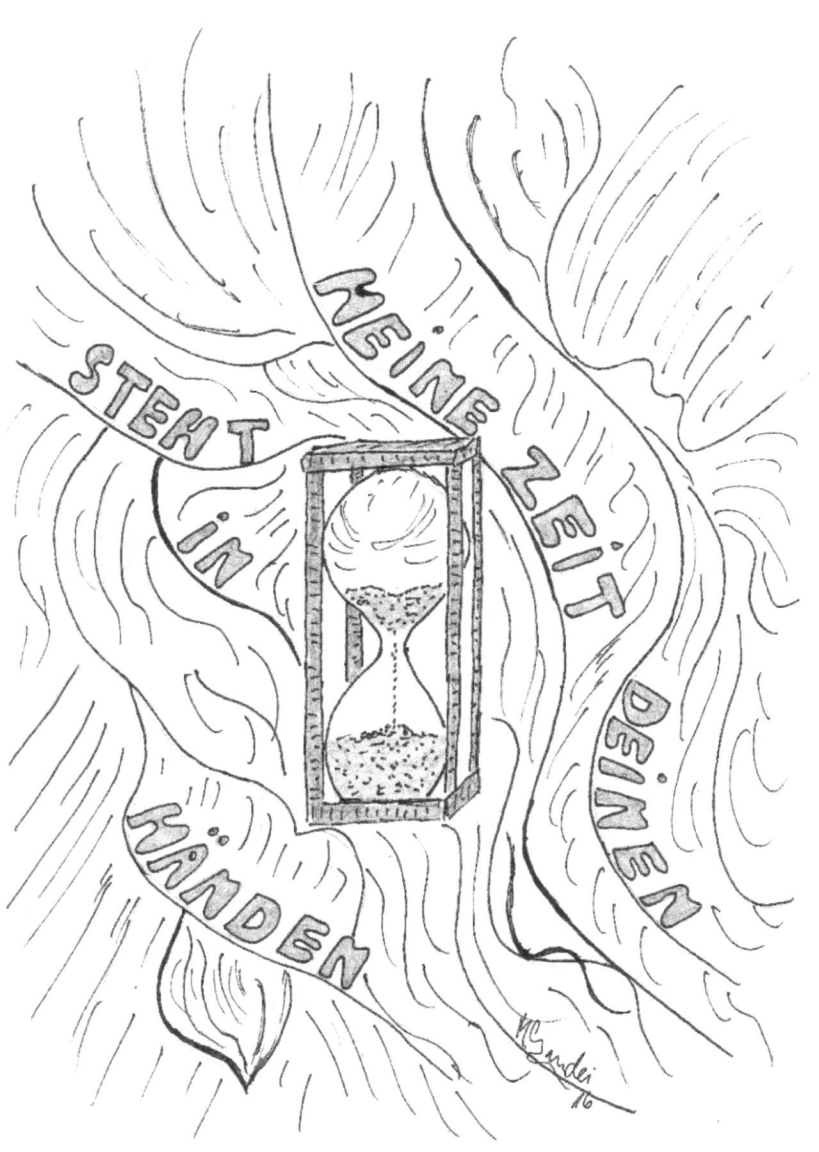

Meine Zeit steht in Deinen Händen

Meine Zeit? Welche Zeit meine ich, wenn ich das sage? Ist es wirklich meine Zeit?

„Ja", würde mein Gegenüber sagen. „Es ist doch die Zeit, über die ich ganz allein verfügen kann." Und ich würde fragen: „Ab wann kannst du darüber verfügen?" Dann würdest du schon nachdenklich werden, denn diesen Anspruch konntest du erst einfordern, nachdem du für dich selbst verantwortlich warst.

Die Zeit davor lag bis zu deiner Geburt im Dunkel und ein anderer war dafür verantwortlich. Er gab sie an deine Eltern weiter und diese schließlich an dich .Für diese, deine Zeit waren also vor dir schon zwei verantwortlich.

Sie gaben ihre Verantwortung schließlich an dich ab und nun steht die Frage im Raum. „ Ist diese Zeit, über die du nun verfügst, die Deine?" „Oder kommt nach dir noch einer?" Wenn du ehrlich bist, weißt du, dass diese Zeit nur begrenzt ist. Du wirst sie am Ende deines Lebens an den zurückgeben, der die erste Phase deiner Zeit in seinen Händen hielt.

So ist deine Zeit eigentlich nur eine gemietete Zeit, die gut verwaltet werden sollte. Dann kannst du sie am Ende mit den Worten übergeben:

„Meine Zeit steht in Deinen Händen."

Besser den Spatz in der Hand, als die Schwalbe auf dem Dach

Zwei Freunde gingen gemeinsam aufs Gymnasium, um ihr Abitur abzulegen. Fritz nahm es ein wenig lässiger als Conrad. Fritz strebte das Lehramt in Deutsch und Geschichte an. Diese beiden Fächer lagen ihm, denn er hatte ein großes Interesse an allem, was einen geschichtlichen Hintergrund hatte.

Conrad war in fast allen Fächern gut, aber er schwächelte in Chemie und Physik. Sein Lehrer sagte:" Du solltest bei deiner Berufswahl darauf achten, dass du deine Stärken zum Einsatz bringst". Conrad aber sagte:" Was soll ich mit dem ganzen Kram, ich werde Chemiker oder Physiker." „Da kann der Pauker noch so viel sagen." „Das sind Berufe der Zukunft, die gut bezahlt werden".

So gingen sie in die Abi Phase. Conrad paukte wie verrückt, merkte aber, dass die Abi Note wohl schwer zu erreichen sein würde. Fritz machte sein Abi mit 1,9 und hatte keine Probleme ein Studienplatz zu bekommen. Conrads Abi zeigte 2,0 und damit musste er mit dem Studium warten, denn es wurde für seine Fächer eine Note von 1,5 erwartet. Mit Nachhilfestunden klappte es, die Prüfung zu wiederholen. Endlich war die Voraussetzung erreicht, doch er schaffte es trotzdem nicht an die Spitze.

Die Jahre vergingen und die beiden Freunde hatten sich aus den Augen verloren. Dann kam die Einladung zu einem Klassentreffen. Conrad fragte Fritz:" Was machst du eigentlich und an welcher Schule unterrichtest du?" Fritz antwortete:" Ich bin an der Regierung und Vorsitzender im Bildungsausschuss und was machst du?" Conrad sagte:" Leider hat es nicht gereicht in der Forschung eine Stelle zu bekommen. Ich unterrichte in unserem Gymnasium Chemie und Physik."

„Ist doch klasse", sagte Fritz, doch Conrad lächelte müde und sagte:" Nicht ganz mein Wunsch" und dann fragte er:" Kannst du dich an Lehrer Bruns noch erinnern?" „Ja", sagte Fritz, „Sprichwörter", und Conrad zitierte:

„Besser den Spatz in der Hand, als die Schwalbe auf dem Dach."

Beide umarmten sich freundschaftlich und lachten.

Auf den Hund gekommen

Das ist ein Sprichwort, das wir uns nicht unbedingt für unser Leben wünschen. Doch man kann es ja auch anders sehen.

Denken wir an einen Vierbeiner, der doch der beste Freund des Menschen ist.

Er hält uns jung durch Gassi gehen, lässt uns Bekannte treffen und Freundschaften schließen.

Die Liebe zum Hund kann verbinden. Kann jedoch auch Ärger bringen, wenn wir seine Hinterlassenschaften nicht entsorgen.

Wenn Obdachlose einen Vierbeiner halten, heißt es vielleicht:

Er ist auf den Hund gekommen.

Doch das kann auch zutreffend sein bei Menschen, bei denen es nicht sichtbar ist. Die aber vielleicht hart zu kämpfen haben um den erwarteten Status zu halten und zu zeigen, dass man noch ein aktives Mitglied der Gesellschaft ist.

Denn ist man erst einmal auf dieses Sprichwort abgestempelt, ist die Rückkehr in die Gesellschaft sehr schwer.

Warum der Hund dafür herhalten muss,

ist mir jedoch nicht verständlich.

SCHATTENSPIELE AN DER WAND FÜHREN IN DAS MÄRCHENLAND

Schattenspiele an der Wand,
führen in das Märchenland

Dieses Spiel mit Licht und Schatten,
kann sehr schön und lustig sein,
Doch es gibt so viele Dinge,
wo der Schatten überwiegt
und vom Licht man nichts mehr sieht.

Doch es gibt so viele Menschen,
die im Licht durchs Leben gehen,
nur das Helle, Warme spüren
und die Schatten übersehen.

Doch die Schatten werden kommen,
auch wenn man sie stets verbannt
und wir hoffen, dass sie führen,
ins verheißene Märchenland.

Viele Köche verderben den Brei

Wenn zu viele Köche kochen,
wird die Speise kein Genuss.
Zu viel Würze, zu viel Säure,
vielleicht sogar ein starker Schuss?

Auch in allen Lebensfragen,
soll bei wichtigen Entschlüssen,
dein Verstand dir Hilfe sein,
doch den Abschluss musst du küssen

Denn die Prise Salz zu viel,
kann die Speise leicht verderben.
Drum prüf alles was du nimmst,
denn sonst liegt dein Ziel in Scherben.

Und so schwanken Ja und Nein,
oft auf der Entscheidungswaage.
Welches wird das Richtige sein,
das bleibt bis zum Schluss die Frage.

Haben Sie auch schon einmal erlebt,

dass ein Freund es so schnell nach oben geschafft hat,

dass es kaum zu glauben war?

Schule, Abitur, Auslandsjahr und schon bald danach

saß er in einem großen Imperium

in der Chefetage.

Kann man so viel Glück haben,

oder waren Freunde da, die ihn gefördert haben?

In kurzer Zeit hatte er ein Haus im Nobelviertel von Hamburg,

war bei allen großen gesellschaftlichen Ereignissen der Stadt

in vorderster Reihe

und bei seinen Geschäften an der Börse

machte er riesen Gewinne.

Das Glück war einfach auf seiner Seite,

doch das Zocken mit Millionenbeträgen war mittlerweile

zur Sucht geworden.

Als das Glück nicht mehr an seiner Seite stand,

konnte er nicht mehr aufhören.

Er hoffte bei jeder Spekulation auf den Sieg,

doch der blieb aus und so ging es mit ihm bergab,

bis er alles verloren hatte.

Auf ihn konnte mit Fug und Recht

das Sprichwort angewandt werden:

„Der Krug geht so lange zum Brunnen,

bis er bricht."

Einen Eiertanz aufführen

Bei dem Sprichwort denkt man vielleicht zuerst an ein
etwas chaotisches Fußballspiel, wo die Spieler
einen wüsten Eiertanz veranstalten, um den Ball ins Tor zu
bekommen.
Im Zirkus kann man vielleicht einen
Eiertanz bewundert, wenn ein Akrobat mit zerbrechlichen
Straußeneiern waghalsig jongliert, oder sogar auf ihnen läuft.

Doch eigentlich beschreibt das Sprichwort
das bedenkenlose Jonglieren mit Geldern, bis diese
das Doppelte oder gar dreifache an Gewinn erzielen.
Dieses ist aber in keiner Weise garantiert
und so kann das spekulieren an der Börse zu
einem millionenfachem Verlust führen, wenn die Situation
nicht richtig eingeschätzt wurde.

In Verhandlungen untereinander kann es auch schon
einmal zu einem Eiertanz kommen, bei dem die Beteiligten
die Argumente hin und her schieben,
bis keiner mehr weiß, wer damit begonnen hat.
Dieser Eiertanz kann schlimme Folgen haben.

Laterne rettender Anker?

Laternen werden aufgestellt,
damit sie Licht verbreiten
und Menschen in der Dunkelheit,
zu ihrem Ziel geleiten.

Laternen sind auch sehr beliebt,
für Hunde in den Straßen.
Dort heben sie sehr gern ihr Bein
und das ist nicht zum Spaßen.

Wenn jemand über seinen Durst,
dem Weine war ergeben,
für den wird der Laternenpfahl,
zum Anker: Halt im Leben.

So sind Laternen in der Stadt,
nicht nur für Helligkeiten,
sie dienen Bürgern und dem Hund,
bei den Unpässlichkeiten.

Singe wem Gesang gegeben

Ein Sprichwort für musikalische Menschen, obwohl jeder

gern singt, egal wie gut er es kann.

Musik und Melodien sind Balsam für die Seele

und wer sich den Gesang als Hobby und Ausgleich für eine

stressige Arbeitswelt auswählt, wird leichter durchs Leben
gehen.

Denn bei Gesang kann man alles vergessen und die

Seele kann aufatmen.

Manchmal habe ich im Gottesdienst jemanden

in meiner Nähe, der weder die Melodie noch den Takt

beachtet. Es tut vielleicht den Ohren weh, aber wenn

derjenige mit Begeisterung mitsingt, denke ich,

dass der Herr Gott ihn vielleicht lieber hört als mich.

Denn wenn ich mich dadurch vom Gottesdienst

ablenken lasse, kommen meine melodisch richtigen Töne

in Gottes Ohren schlecht, oder gar nicht an.

Darum würde ich sagen, dass das Sprichwort

„Singe, wem Gesang gegeben"

für alle gilt, denn die Stimme ist uns von Gott geschenkt

und von Ihm wird jede gehört und auch verstanden.

„Zwei und Zwei gesellt sich gern".

Wir sind zwar als Einzelpersonen erschaffen,
aber wir suchen die Gemeinschaft,
weil das Alleinsein
nur wenige als Ideal ansehen.

Wir sehen es nicht nur bei uns Menschen,
sondern auch die Tiere suchen sich ein Gegenüber,
um sich letztendlich über ihren Nachwuchs freuen zu können.

Wie sie umeinander werben ist schon erstaunlich.
Jeder tut es auf seine ganz besondere Weise.
Da werden Rivalen bekämpft und vertrieben
und dabei geht es oft hart zur Sache.

„Glauben sie, dass Frauen leichter zu überzeugen sind?
Oder gilt bei den Männern das Sprichwort.
„Andere Mütter haben auch schöne Mädchen?"

JEDES
DING
HAT ZWEI
SEITEN

„Jedes Ding hat zwei Seiten"

Das wiederum, es gilt für wahr,
für alles, was auf Erden ist.
Es kann sehr schön sein, wunderbar,
wenn du es mit der Liebe misst.

Die Hand, sie kann dich zärtlich streicheln,
dir sagen, dass du sehr begehrt.
Doch einer Faust musst du ausweichen,
sie hat zum Bösen sich gekehrt.

Und diese harten Gegensätze,
sind überall mit eingebaut.
Selbst die beliebten Sonnenstrahlen,
sie können verbrennen unsre Haut.

Drum ist gefragt in diesem Sinne,
für alles Tun ein wacher Geist,
der abwägt zwischen diesen Seiten,
damit dich nicht der Satan beißt.

„Da wird der Hund in der Pfanne verrückt"

Der Spruch, er ist so abgehoben,
dass man ihn mit Vernunft nicht mal,
beschreiben kann, weil er unsinnig,
somit ein hoffnungsloser Fall?

Doch es gibt immer wieder Sachen
die der Verstand nicht mehr begreift.
Es kann ein böses Unterfangen,
wachsen, bis es zum Guten reift.

Doch wenn wir sowas nicht begreifen,
weil es einfach unsinnig ist,
dann bleiben nur des Sprichworts Worte,
die sagen, es ist nur verrückt.

JEMANDEM AUF DEN SCHLIPS TRETEN

„Jemandem auf den Schlips getreten"

Es ist ganz schön übel, wenn man feststellen muss,
dass die Aussage über einen Kollegen oder Bekannten,
diesem zu Ohren gekommen ist und er sich
auf den Schlips getreten fühlt.

Was hat man da eigentlich bedenkenlos geäußert
und wer hat ihm das wiederum zugetragen?
Bei der Beurteilung eines Menschen
sollte man sehr behutsam vorgehen,
überhaupt in einer größeren Runde.

Da kann man nie sicher sein, dass es weitergetragen wird.
Unter Kollegen ist es besonders gefährlich,
weil solch eine negative Äußerung unter Umständen
den Job kosten kann.
Darum Vorsicht beim Reden über andere,
denn es gibt nun mal Menschen, die sich schon
bei Kleinigkeiten auf den Schlips getreten fühlen.

Ist dieses Sprichwort auch auf mich anzuwenden?

Eine ruhige Kugel schieben

Die Arbeitswelt ist äußerst hektisch,
da gibt es kaum noch Ruhezeit.
Akkord, Akkord, heißt die Devise,
da fehlt für wahr Gemütlichkeit.

Zur Pause gibt es ein Espresso,
damit der Geist gleich angeregt.
Das ist kein Spaß, das ist Berechnung,
damit man sich auch schnell bewegt.
Wer da nicht mithält ist verloren,
nur Tempo und Genauigkeit,
doch manchmal bleibt das auf der Strecke,
die Öffentlichkeit ruft und schreit.
Was ist das für ,ne Schlamperei,
bei Großprojekten meine Lieben?
Geplant und endlos dran gebaut
und Preise in die Höh' getrieben
Bauten aus längst vergangener Zeit,
die sind bis heute heil geblieben.
Vielleicht konnten die Handwerksleute,
damals noch eine ruhige Kugeln schieben.

Das Gras wachsen hören

Kann man so unvernünftig sein,
zu glauben, dass man alles hört,
selbst was geflüstert nur gesagt,
ich glaub der Mensch, er ist gestört.

Geheimnisse, sie werden oft,
gehütet, wie ein rohes Ei,
doch gibt es Menschen, die was ahnen
und denen ist nichts einerlei.

Sie prüfen und sie suchen lange,
bis sie Details zusammen fügen
und hinter das Geheimnis sehen,
die anderen sagen: "Ach die lügen."

Letztendlich haben sie doch recht.
Sie ließen sich durch gar nichts stören.
Das Urteil über sie heißt dann:
„Sie können sogar Gras wachsen hören."

AUF TRAB BRINGEN

Auf Trab bringen

Muss man heute noch Menschen auf Trab bringen, oder ist unsere Gesellschaft nicht schon auf schneller, und besser programmiert?

Wer diesem Trend nicht folgt, wird zu leicht von denen überholt, die immer die Ersten sein wollen.

Doch es gibt sie, die nur ihren eigenen Interessen nachgehen und Aufgaben, die ihnen zugewiesen werden, stets nach hinten verschieben.

Lasst euch von ihnen nicht ausnutzen,

denn eure Hilfsbereitschaft kann für euch zum Nachteil werden

und letztendlich seid ihr, diejenigen, die man auf Trab bringen muss, damit ihr den Anschluss nicht verpasst.

PERLEN VOR DIE SÄUE WERFEN

Perlen vor die Säue werfen

Dieses Sprichwort wird doch häufig in die Tat umgesetzt.

Diese Perlen fliegen oft vor die Füße von Menschen

die, gerade in unserer Zeit, die dahinter stehenden Werte

nicht erkennen.

Gleichgültigkeit, Unachtsamkeit und Distanz

verhindern, dass die gute Absicht nicht erkannt wird.

So kann es sein, dass jemand sich Gedanken macht,

wie er seinem Nächsten eine Freude bereiten könnte.

Wenn diese Bemühungen dann in keiner Weise anerkannt

werden, ist das sehr enttäuschend.

Dann sollte man sich überlegen, an wen man diese

kostbaren Perlen verschenkt, damit sie nicht achtlos

im Abfalleimer der Gleichgültigkeit landen.

Das wäre dann „Perlen vor die Säue werfen".

Abwarten und Tee trinken

Warten ist eine Eigenschaft, die fast schon aus der Mode ist.

Das ist vertane Zeit ihr Leute, die keine Börse heute misst.

Die Produktion sie muss stets laufen, da sind kaum Pausen
eingeplant.

Die Spannung steigt, wenn groß der Posten,

denn die Verantwortung, sie mahnt.

Nur keine Fehler, das kann kosten,

vielleicht sogar den Vorstandsjob.

Du musst wie ein Computer laufen,

am besten endlos, ohne Stopp.

Doch dann auf einmal ist es möglich,

es streikt das Flugzeugpersonal,

die Passagiere müssen warten,

Zwangspause nennt man das dann mal.

Abwarten heißt es dann für viele,

man ärgert sich und das tut weh,

vertane Zeit, verpasster Urlaub,

man muss sich fügen und trinkt Tee.

Das ist gehopst wie gesprungen

Ach es gibt so viele Dinge,
die man doch erreichen will.
Unsre Pläne gehen hoch,
doch wir stehen oftmals still.

Die Regierung ist gespalten,
einer hebt das Kindergeld,
doch der andere ist dagegen,
er führt Flüchtlinge ins Feld.

Und so wird das Geld verschoben,
hin und her, bis es gelungen,
doch in diesem Fall wird gelten,
„Alles bleibt, gehopst, wie gesprungen."

UNTER EINER DECKE STECKEN

Unter einer Decke stecken

Was nicht ganz korrekt verläuft.
Jeder sucht doch seinen Vorteil,
Geld gespart und angehäuft.

Und die Frage, sie wird bleiben,
gibt es da nicht einen Trick
den ich finde um zu treiben,
den Gewinn nach vorn ein Stück?

Warum sollen nur Große trixen,
grad der Kleine braucht es doch,
um das kleine Spiel zu mixen,
stopfen, das so große Loch.

Doch man sollte ehrlich bleiben,
denn wo soll man sich verstecken?
Und man will doch nicht mit denen,
„Unter einer Decke stecken".

Den Nagel auf den Kopf getroffen

Das Sprichwort hat seinen Ursprung im Schießsport,

Die Schießscheibe war früher in der Mitte mit einem Nagel
fixiert.

Traf also jemand in die Mitte, hatte er den Nagel auf den Kopf
getroffen.

Im Miteinander ist es sehr wichtig, einen Sachverhalt

treffend beschreiben zu können und mit wenigen Worten

den Kern der Sache präzise zu benennen.

Bei hitzigen Diskussionen, wünscht man sich

eine klare Aussage, die in das Zentrum weist

und gesagt werden kann:

„Das hat den Nagel auf den Kopf getroffen".

Die Letzten beißen die Hunde

Wer die Sonnenseite des Lebens nicht sieht,

wird stets am Rande bleiben.

Er läuft und wird das Ziel,

wohl in die Sterne schreiben.

So sehr er sich auch müht,

man wird ihn überholen,

in Schulen, Arbeitswelt,

er läuft auf stumpfen Sohlen.

Egal, was er versucht,

er hat doch keine Chancen,

weil er zu ehrlich ist,

kann er da nicht mit tanzen.

Beschlagen und gewitzt,

das muss man sein im Bunde,

und dann winkt auch der Sieg

„Sonst beißen ihn die Hunde".

DIE SUPPE AUSLÖFFELN DIE MAN SICH SELBST EINGEBROCKT HAT

Die Suppe auslöffeln, die man sich
selbst eingebrockt hat.

Im Leben gibt es Situationen, die man nicht beherrschen kann. Oftmals ist es einfach Unaufmerksamkeit, durch die man in eine gefährliche Lage kommt.

Da sind Jugendliche mit dem Auto unterwegs, zu einem Discobesuch. Der Abend verläuft gut und alle haben auch etwas Alkoholisches getrunken.

Auf der Heimfahrt übersieht der Fahrer des Wagens eine Radfahrerin, die ebenfalls auf dem Heimweg ist.

Der Wagen streift sie und sie stürzt. Die Mitfahrenden sagen: "Fahr weiter, sie rappelt sich schon auf, es ist nicht so schlimm!" Da gibt er Gas und verlässt den Unfallort.

Daheim lässt es ihm keine Ruhe und er ruft die Polizei, jedoch ohne Namensnennung.

Das Mädchen hat sich ernsthaft verletzt und kommt ins Krankenhaus

Bei dem Strafmaß ist die Fahrerflucht das größte Vergehen und der Führerschein wird für mehrere Monate eingezogen.

So muss er

„Die Suppe auslöffeln, die er sich selber eingebrockt hat".

ERST DIE ARBEIT DANN DAS

VERGNÜGEN

Erst die Arbeit, dann das Vergnügen

Diese Reihenfolge ist wohl auch die Richtige, doch sie

wurde in früheren Jahren noch ernster eingefordert.

Es gab noch sehr viel kleine Betriebe, die nur überleben

konnten, wenn die Arbeiter ihre Arbeit gewissenhaft

und zur Zufriedenheit des Dienstherrn erfüllten.

Oft ging dabei die Arbeitszeit weit über die üblichen

Dienststunden hinaus und weil jeder seine Arbeit

behalten wollte, wurde auch nicht viel gesagt.

Wenn aber alles erledigt war, dann gab es vom

Dienstherrn manchmal auch einige

Stunden Freizeit Extra.

Das konnte beim Frühjahrs- oder Herbstmarkt geschehen.

Es war auch für den Arbeitgeber ein Vergnügen, an dem er
gerne teilnahm und so konnte es sein,

dass sie gemeinsam an einem Markttag in die Stadt

fuhren um sich dem Vergnügen hinzugeben.

Im Bierzelt wurde schon mal ein Bier ausgegeben

und das Verhältnis zwischen Chef und Angestellten

konnte nicht besser gefestigt werden.

In dieser Zeit sah jeder ein, dass es heißen musste:

„Erst die Arbeit, dann das Vergnügen".

EIN TROPFEN

LIEBE

MEHR

IST

ALS

EIN

OZEAN

VERSTAND

Ein Tropfe Liebe ist mehr, als ein Ozean Verstand

Ein Sprichwort, das in der Erziehung eine große Rolle spielen sollte, denn so sehr die Eltern auch bedacht sind, dass ihre Kinder fleißig lernen, um im Leben zu bestehen, ist ein liebendes Miteinander immer noch der größte Schatz, der vergeben werden kann.

So war es auch mit der kleinen Pia, deren Vater Richter am örtlichen Amtsgericht war. Jeden Abend wurde Pia vom Vater überprüft, ob sie alle Hausaufgaben zur Zufriedenheit erledigt hatte und wenn er eine Unkorrektheit fand, dann hieß es alles noch einmal. Oft saß sie weinend über ihren Schulheften.

Morgens war sie dann häufig nicht ausgeschlafen und es konnte passieren, dass sie in ihrer Bank einschlief.

Der Lehrer fragte sie an solch einem Tag, ob sie vielleicht abends zulange gelesen oder gespielt hätte und sie erzählte von der Stränge des Vaters.

Der Lehrer bestellte die Eltern zu sich und sagte, dass Pia eine gute Schülerin sei und dass jedes Kind auch genug Zeit haben müsste, um seine eigenen Talente auszuprobieren und er sagte:

„Ein Tropfen Liebe ist mehr, als ein Ozean Verstand".

NACH ♥ LIEBE IST

HEL·FEN

DAS SCHÖNSTE ZEITWORT DER WELT.

Nach Liebe ist Helfen das schönste Zeitwort der Welt

Liebe ist, wie wir selbst erfahren durften so schön, dass wir eigentlich nichts davor setzen möchten. Es beflügelt, lässt träumen und bringt in das Leben viele Sonnenstunden, die Schmerz und Enttäuschung weit von uns wegschieben.

Doch es gibt da noch ein Wort, das gerade auch unser Herz berühren kann, so tief, dass wir es gern in unserem Leben fest verankern möchten.

Jeder, der es beherzigt und einem Menschen Hilfe anbietet, wird tausendfach belohnt. Er sieht die Dankbarkeit des Betreuten und diese Freude kommt in sein Herz zurück, bereichert es und lässt die Mühen vergessen.

Wo immer diese Begegnung geschieht, öffnet sich der Himmel und schenkt Frieden, den selbst die Liebe nicht geben kann.

5 MINUTEN HILFE SIND BESSER ALS 10 MINUTEN MITLEID

Fünf Minuten Hilfe sind besser,
als zehn Minuten Mitleid

Bei Besuchen alter und kranker Menschen ist das Mitleid oft eine Komponente, die den Helfer automatisch befällt. Oft ist es ja auch gravierend. Man hat den Kranken noch in Erinnerung, als er vital am Leben der Gemeinschaft teilnahm. Jetzt sitzt oder liegt er vor einem und zunächst verschlägt es dem Besucher die Sprache. Was kann man ihm jetzt sagen, was gibt ihm Hoffnung?

Ich hatte eine Bekannte, die stets an der Seniorengruppe teilnahm. Sie reiste gern, war mit dem Wagen wenigstens einmal im Jahr bei Verwandten in Polen und jetzt lag sie hilflos vor mir. Nach einem Schlaganfall konnte sie nicht mehr sprechen, war auch körperlich so behindert, dass sie im Rollstuhl saß oder im Bett lag.

Ich erzählte ihr von unseren Gruppentreffen und oft versuchte sie etwas zu sagen, doch ich konnte sie nicht verstehen, weil sie sich nicht mehr verständlich artikulieren konnte. Ich sah ihren Ärger, dass sie sich nicht mehr mitteilen konnte und ich fühlte mich unwohl.

Dann nahm ich eines Tages meine Mundharmonika mit und spielte ein bekanntes Volkslied. Da begann sie zu singen und ich konnte den Text teilweise sogar verstehen. Sie strahlte über das ganze Gesicht, denn auch für sie war das ein Schritt in die Welt zurück. So konnten wir uns nichts erzählen, aber durch den Gesang verstanden wir uns.

Ich war überglücklich und auch sie nickte zustimmend als ich sagte: „Bis bald!"

„Wer zuletzt lacht, lacht am besten"

Wir waren eine lustige Turnriege. Jeden Dienstag trafen wir uns im Saal des Dorfgasthauses. Eine Turnhalle gab es zu der Zeit noch nicht, denn es war kurz nach Kriegsende und da wurden die öffentlichen Gelder noch für wichtigere Dinge ausgegeben.

Wir trainierten für einen sportlichen Wettkampf, der zwischen unserem und dem Nachbarort ausgetragen werden sollte. Natürlich wollten wir die Nachbarn schlagen.

Zunächst stand Leichtathletik auf dem Wettkampfplan. Da war meine Freundin kaum zu schlagen und ich hoffte, dass ich mit einer nicht ganz so guten aus der fremden Mannschaft antreten musste. Leider erfüllte sich dieser Wunsch nicht und ich verlor. Also gingen diese Punkte an die gegnerische Mannschaft. Meine Freundin maulte „Wegen dir, werden wir noch verlieren", sagte sie. Ich ließ mich aber nicht aus dem Konzept bringen und bei den Wettkämpfen an den Geräten holte ich als eine der Besten eine Menge Punkte und meine Freundin setzte in dieser Sparte alles in den Sand. So war der Ausgleich wieder hergestellt.

Unsere Mannschaft gewann am Ende, nicht zuletzt wegen meiner guten Leistung am Barren. So konnte ich am Schluss zufrieden sagen:

„Wer zuletzt lacht, lacht am besten."

Das Leben ist ein leeres Blatt, die Farben sind in dir.

Ein weißes Blatt? Mit welchen Farben werden wir darauf malen?

Vielleicht in den Farben der Hoffnung, denn frisches Grün steht für das Erwachen des neuen Lebens.

Oder ein Rot, für die Liebe, die wir verschenken sollten?

Blau, wie der Himmel, der unsere Wünsche bis in die Wolken trägt?

Wenn wir unser Leben aus diesem Blickwinkel betrachten, dann kommt Freude auf, unser Leben zu gestalten. Vielleicht wäre es wirklich gut, wenn wir unseren Gedanken und unserem Tun eine Farbe zuordnen. Doch auch die dunklen Farben werden auf unserem Blatt des Lebens zu finden sein. Wir könnten sie natürlich mit einer freundlichen Farbe übermalen, dann wären sie schon gleich nicht mehr so bedrohlich.

Doch eine Farbe sollte alle anderen überstrahlen und das ist das Gelb der Sonne, das Wärme und Zufriedenheit schenken kann.

Wenn diese Farben auf das Blatt unseres Lebens treffen, wird jedes Blatt anders aussehen, so wie jeder Mensch unverwechselbar und einmalig ist.

Eine Schwalbe macht noch keinen Sommer

Was will uns dieses Sprichwort sagen? Es möchte uns wahrscheinlich davor warnen, bei dem kleinsten Erfolg gleich zu glauben es sei schon alles erreicht oder anzunehmen, dass alles schon in trockenen Tüchern sei.

Es könnte ja auch, wie diese einsame Schwalbe ein Irrläufer sein, der schnell vorausgestartet ist, aber das Ziel noch nicht für ihn bereit ist.

In diesem Fall endet ein voreiliges Handeln vielleicht sogar im Nichts. Doch Menschen, die alles auf eine Karte setzen, weil sie von sich überzeugt sind, dass ihre Pläne zum Erfolg führen werden, wird es immer geben. Sie wollen sich auch von anderen nicht überholen lassen. Auch diese einsamen Kämpfer brauchen wir.

Ihr Wagemut hat uns schon bei vielen wichtigen Forschungen Erfolge geschenkt.

Wir sehen an diesem Beispiel, dass nicht nur die Menschen, sondern auch die Tiere einen besonderen Ehrgeiz entwickeln können.

Dem Fröhlichen gehört die Welt,

die Erde und das Himmelszelt.

Wer kann das von sich sagen, dass er fröhlich sei? Ist das nicht eine Eigenschaft, die in unserer problemgeladenen Gesellschaft kaum noch an die Oberfläche gelangt?

Eine fröhliche Kindheit kann ich mir noch vorstellen, die mit all den unerfreulichen Dingen des Lebens noch nicht belastet ist. Doch auch das ist in großen Teilen der Welt nicht mehr gegeben.

Darum genießen sie die Gegenwart eines fröhlichen und ausgeglichenen Menschen. Er ist ein Segen für sein Umfeld, denn er vermittelt noch etwas von der Freiheit und Gelassenheit die nötig sind, um sich an der Welt, der Erde und dem Himmel zu erfreuen.

Ängstliche Menschen gibt es in unserer Gesellschaft genug und wenn wir die Welt betrachten, könnten auch wir in Sorgen und Ängsten versinken, doch Gott hat die Welt so schön gemacht, dass es eine Sünde wären, sie nicht mit seinen Augen zu betrachten.

Monika Grundei

Malerin und Verfasserin von den nachfolgen Schriften:

1. Das kleine Haus hinter dem Deich
2. Glauben gegen den Strom
3. Worte – alltäglich gesprochen. Welchen Sinn geben wir ihnen?
4. Leise Verse
5. Wecke die Träume deiner Seele
6. Die Abenteuer der Riesenkrake
7. Ich bin der kleine Wassergeist
8. Familien im Schmelztiegel – Roman –
9. Geschichten, die das Leben schreibt

Sie können die Bücher im Buchhandel, bei mir persönlich, oder im
Internet unter monikagrundei aufrufen
und bestellen.